세상에 이런 법이 있다고?

박효연 글
박선하 그림

알아 두면 쓸모 있는 전 세계 법 이야기

스푼북

작가의 말
세상에 있는 다양한 법을
함께 알아보아요

친구들, 선생님, 부모님, 이웃 등 우리는 하루에도 수많은 사람을 만나요. 주변의 사람들과 함께 잘 지내기 위해선 지켜야 할 것들이 있어요. 서로에게 피해를 주지 않기 위해 만들어 놓은 약속들인데, 이러한 약속을 '법'이라고 부르지요. 길을 건널 때, 사람들과 대화할 때, 물건을 살 때 생길 수 있는 여러 문제들은 법으로 보호되어요.

법은 세상의 질서를 유지하는 역할을 해요. 다양한 사람들 사이에서 생기는 갈등을 조정하고 복잡한 사회 안에서 누군가 피해를 보는 사람이 생기지 않게 만들어 주는 안전장치인 셈이지요. 만약 법을 지키지 않으면 크고 작은 문제가 발생해 사회가 무질서해질 거예요! 그러니 법은 꼭 지켜야 해요.

사람들이 살아가는 모습은 어딜 가나 비슷한 것 같다가도, 또 매우 다르기도 해요. 법도 마찬가지예요. 나라마다 비슷한 법이 있는가 하면 우리로서는 상상도 못 할 법이 있는 나라들도 있답니다.

  이 책에는 세계 각 나라의 특이하고 재미있는 법이 담겨 있어요. 대한민국에 사는 우리가 보기에는 쉽게 이해가 가지 않을 수도 있지만, 각 나라의 자연, 환경, 역사, 문화, 종교 등을 살피면 나름 공감할 수 있을 거예요.

  법은 영원하지 않아요. 과거에 생긴 법이 오늘날에는 없어지기도 하고, 새롭게 바뀌기도 하지요. 사람들의 요구에 따라, 또는 그 나라의 정치, 사회의 상황에 따라 변화되기 때문이에요.

  만약 우리가 다른 나라에 갔을 때 그 나라의 법을 모르면 난처한 상황에 처할 수도 있어요. 법을 알지 못해 피해를 보지 않도록, 다른 나라를 방문할 때는 꼭 중요한 법을 살펴보세요.

  이 책을 읽고 우리가 속한 공동체의 행복을 위해 법을 이해하고 지키는 어린이가 되었으면 해요. 나아가 법은 나와 상관없는 이야기가 아니라 세상을 살아가는 데 필요한 지식이라는 점, 꼭 기억하세요.

박효연

차례

작가의 말 세상에 있는 다양한 법을 함께 알아보아요 … 4

아시아

대한민국	어린이는 전동 킥보드 금지	12
	반려동물 버리면 벌금 혹은 징역	13
	응급 환자 거짓 신고하면 벌금	14
	반려견과 외출할 때 인식표는 필수	15
말레이시아	노란색 티셔츠 착용 금지	16
몰디브	성경책을 갖고 있으면 쫓겨난대	17
사우디아라비아	돼지고기를 먹어서는 안 돼!	18
싱가포르	껌은 안 돼!	19
	투표를 안 하면 투표권이 사라진다?	20
	모르는 와이파이는 쓰면 안 돼!	21
	집에서도 옷은 입어야 해	22
아랍 에미리트	낙타를 만나면 길을 양보해야 해	23

	공공장소에서 스킨십 금지	24
	공공장소에서는 술을 마시지 마시오	25
이란	남자는 포니테일 금지	26
인도	잠깐! 여기서는 셀카 금지	27
일본	이어폰 끼고 자전거 타면 벌금	28
중국	환생도 정부의 허락이 필요해	29
카자흐스탄	공항에서 사진 촬영은 안 돼!	30
타이	왕을 놀리면 벌을 받는다!	31
투르크메니스탄	검은색 자동차 퇴출	32
이해를 돕는 나라별 정보		33

그리스	유적지에서는 하이힐을 벗자	40
덴마크	아기 이름을 마음대로 지을 수 없어	41
독일	음식 사진을 함부로 찍으면 안 돼!	42
러시아	차는 항상 깨끗해야만 해	43
스위스	갑각류에게 고통을 주면 안 돼!	44
	금붕어를 외롭게 키우지 말라	45
에스토니아	여기서는 안전띠 금지	46

에스파냐	운전할 때 슬리퍼, 맨발, 하이힐 금지	48
	선글라스를 꼭 써야 해	49
영국	연어를 들고 있으면 안 돼!	50
	지하철에서 새치기하면 벌금	51
이탈리아	반려동물도 안전띠를 꼭 해야 해	52
	비둘기에게 모이를 주면 안 돼!	53
	벌금이 싫으면 옷차림에 신경 써!	54
	스페인 계단은 눈으로만 보자	55
	해양 생태계를 위협하는 플라스틱 금지	56
키프로스	차 안에서는 아무것도 먹으면 안 돼!	57
프랑스	돼지는 나폴레옹이 될 수 없어	58
	초등학교에서 케첩 사용 금지	59
	헐렁한 수영복은 안 돼!	60

이해를 돕는 나라별 정보 · 61

아메리카

미국	마늘을 먹었다면 외출 금지	68
	뽕, 뽕, 뿌웅! 방귀 금지법	69
	선인장을 괴롭히면 안 돼!	70

	전파를 방해하는 기기는 사용 금지	71
	어린이를 위해 책가방은 가볍게	72
	차 안에 어린이를 혼자 두지 마시오	73
	휴대폰 보면서 걸으면 벌금	74
브라질	선거 날에는 술을 마시지 마시오	75
캐나다	스쿨버스 주변 차는 모두 정지	76
	아기의 안전을 위해 보행기 사용 금지	77
이해를 돕는 나라별 정보		78

아프리카 & 오세아니아

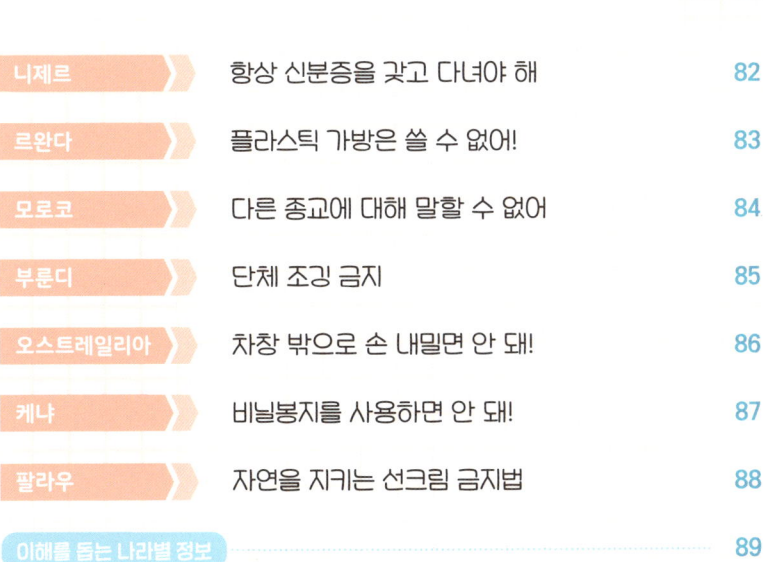

니제르	항상 신분증을 갖고 다녀야 해	82
르완다	플라스틱 가방은 쓸 수 없어!	83
모로코	다른 종교에 대해 말할 수 없어	84
부룬디	단체 조깅 금지	85
오스트레일리아	차창 밖으로 손 내밀면 안 돼!	86
케냐	비닐봉지를 사용하면 안 돼!	87
팔라우	자연을 지키는 선크림 금지법	88
이해를 돕는 나라별 정보		89

가장 인구가 많은 대륙인 아시아에는 사회 질서와 공공의 안전을 위한 법이 많아요. 또한 대통령이 싫어하는 색깔을 사용하지 못하게 법으로 정해 둔 신기한(?) 나라도 있지요. 이러한 법들이 왜 생겨났는지 지금부터 알아보아요!

아시아

대한민국

어린이는 전동 킥보드 금지

요즘 전동 킥보드를 타고 다니는 사람을 흔히 볼 수 있어요. 그런데 어린이는 전동 킥보드를 운전할 수 없다는 사실을 알고 있나요? 만약 어린이가 전동 킥보드를 운전했을 경우 보호자에게 십만 원의 벌금이 부과된답니다. 또 킥보드를 탈 때 안전모 등 보호 장구를 착용하지 않아도 벌금을 내야 하지요.

#전동_킥보드 #어린이 #운전_불가 #안전

대한민국

반려동물 버리면 벌금 혹은 징역

반려는 '짝이 되는 동무'라는 뜻이에요. 그래서 우리 곁에서 함께 지내며 마음을 나누는 동물을 '반려동물'이라고 부르지요. 그런 반려동물을 함부로 버려서는 안 되겠지요? 반려동물을 버릴 경우 벌금을 내거나 감옥에 갈 수도 있다는 사실을 꼭 기억하세요.

#반려동물 #유기_금지 #생명 #윤리

대한민국

응급 환자 거짓 신고하면 벌금

응급 환자를 발견하면 119 안전 신고 센터나 병원 응급실 등 의료 기관의 도움을 받을 수 있어요. 119 안전 신고 센터에는 전화 혹은 문자로 도움을 요청하거나 인터넷으로 신고해야 해요. 그런데 구조·구급 활동이 필요한 위급 상황을 거짓으로 신고한다면 어떻게 될까요? 만약 거짓 신고한 게 밝혀지면 무거운 벌금을 내야 한답니다.

#응급_환자 #장난_전화 #벌금

대한민국

반려견과 외출할 때 인식표는 필수

반려견과 외출할 때는 반려인의 이름, 전화번호, 동물 등록 번호를 표시한 인식표를 반려견에게 부착해야 해요. 이를 어기면 벌금을 내야 할 수도 있어요. 또 인식표가 없이 돌아다니는 개는 유기된 동물로 간주해 동물 보호 시설로 옮긴다고 하니, 산책할 때는 꼭 인식표를 챙기세요!

#반려견 #외출 #인식표 #필수

말레이시아

노란색 티셔츠 착용 금지

말레이시아에서 노란색 티셔츠를 입을 땐 주의해야 해요. 시민들이 부패한 정부를 비판하고 공정한 선거 제도를 만들자며 시위를 벌였는데, 그때 시민들이 입은 티셔츠 색깔이 노란색이었기 때문이에요. 이를 못마땅하게 여긴 정부 관계자가 시위할 때 노란색 옷 착용을 금지해 버렸답니다.

#말레이시아 #노란색_티셔츠 #시위

몰디브

성경책을 갖고 있으면 쫓겨난대

인도양의 섬나라 몰디브는 푸른 바다와 멋진 자연환경 덕분에 관광객들에게 인기가 많아요. 그런데 만약 기독교를 믿는 사람이 몰디브에 여행을 간다면 주의할 점이 있어요. 바로 성경책을 가져갈 수 없다는 거예요. 몰디브는 국민의 99퍼센트가 이슬람교를 믿는 매우 보수적인 나라예요. 이 때문에 성경책을 가지고 있는 것 자체를 불법으로 여기고 자칫하면 나라 밖으로 쫓겨날 수도 있어요.

#몰디브 #이슬람교 #성경책 #추방

사우디아라비아

돼지고기를 먹어서는 안 돼!

거의 모든 국민이 이슬람교를 믿는 국가인 사우디아라비아에서는 돼지고기를 먹거나 판매할 수 없어요. 나라 안으로 가지고 들어갈 수조차 없지요. 이슬람에서는 종교적인 이유로 돼지고기를 먹거나 판매하는 것 등을 철저히 금지하기 때문이에요. 돼지고기를 금지하는 것은 사우디아라비아뿐 아니라 이슬람교를 믿는 다른 나라에서도 마찬가지랍니다.

#사우디아라비아 #이슬람교 #돼지고기_금지 #음식_문화

싱가포르

껌은 안 돼!

싱가포르에서는 껌을 볼 수 없어요. 1992년 껌 수입과 판매를 금지하는 법이 만들어졌기 때문인데요. 이 법이 만들어진 이유는 사람들이 껌을 씹고 아무 데나 뱉거나 붙여 거리가 지저분해졌기 때문이라고 해요. 그래서 만약 껌을 몰래 들여오거나 씹던 껌을 거리에 뱉으면 벌금을 내야 해요. 이 법 때문에 싱가포르에서는 껌을 밟을 일이 없지만 관광객들은 혹시 주머니에 넣어 둔 껌은 없는지 주의해야 한답니다.

#싱가포르 #껌 #벌금 #환경

싱가포르

투표를 안 하면 투표권이 사라진다?

싱가포르는 투표를 꼭 해야 하는 '의무 투표제'가 있는 나라예요. 의무 투표제는 합당한 이유 없이 투표를 하지 않으면 불이익을 주는 제도랍니다. 싱가포르에서는 한 번이라도 투표를 하지 않으면 다음부터는 선거가 열리더라도 투표를 할 수 없어요. 박탈된 투표권을 찾으려면 벌금을 내야 하지요.

#싱가포르 #의무_투표제 #투표권_박탈 #사회_질서

이 법으로 투표율이 제법 높아졌다고 해요.

싱가포르

모르는 와이파이는 쓰면 안 돼!

싱가포르에서는 허락받지 않은 와이파이를 함부로 사용할 수 없어요. 만약 사용하다가 걸리면 해킹을 했다고 여겨 벌금을 물리기도 해요. 간혹 비밀번호 없이 열어 둔 와이파이도 있는데, 이를 사용할 때도 문제가 된다고 하니 잘 기억해 두세요.

#싱가포르   #모르는_와이파이_사용   #벌금

아니, 비밀번호 없으면 쓰라는 거 아닌가요?

싱가포르

집에서도 옷은 입어야 해

싱가포르에서는 집 안에서도 함부로 옷을 벗고 있으면 안 돼요. 만약 누군가 그 모습을 본다면 옷을 벗고 있던 사람이 벌금을 내야 하지요. 아무리 자기 집이라고 해도 옷 벗은 모습이 다른 사람에게 불쾌감을 줄 수 있기 때문에 만들어진 법이라고 해요.

#싱가포르   #집   #탈의   #공공질서_및_성희롱법

아랍 에미리트

낙타를 만나면 길을 양보해야 해

사막이 넓게 펼쳐져 있는 아랍 에미리트에서는 오래전부터 낙타를 교통수단으로 이용했어요. 오늘날에는 낙타보다 자동차를 많이 타고 다니지만, 아직도 낙타를 이용하는 사람들이 있답니다. 그래서 종종 도로에서 낙타를 만나기도 한대요. 이럴 때는 무조건 낙타에게 길을 양보해야 해요. 이러한 '낙타 양보법'은 낙타를 보호하기 위해 생겨난 법이랍니다.

#아랍_에미리트 #낙타 #양보 #교통 #동물_보호

아랍 에미리트

공공장소에서 스킨십 금지

석유 자원이 풍부한 아랍 에미리트의 두바이는 세계적인 부자 도시로 유명해요. 화려한 호텔과 빌딩, 아름다운 풍경으로 많은 사람이 찾는 관광지이기도 하지요. 이런 두바이에서 데이트를 할 때는 스킨십에 주의해야 해요. 종교적 특성상 길거리나 공공장소에서 스킨십을 하면 경찰에게 잡혀갈 수도 있기 때문이에요. 실제로 공공장소에서 입맞춤을 했다는 이유로 감옥에 간 외국인 커플도 있답니다.

#아랍_에미리트 #두바이 #공공장소 #스킨십 #감옥

아랍 에미리트

공공장소에서는 술을 마시지 마시오

이슬람 국가인 아랍 에미리트는 술 마시는 것을 엄격하게 금지하고 있어요. 공공장소에서 술을 마시는 행위는 물론, 술을 마시면 대중교통도 이용할 수 없지요. 술은 집이나 국가에서 허가한 장소에서만 마실 수 있어요. 만약 집이 아닌 허가된 장소에서 술을 마시고 집에 갈 때는 걸어가거나 대중교통이 아닌 다른 교통수단을 이용해야 한답니다.

#아랍_에미리트 #이슬람 #공공장소 #금주 #문화

이란

남자는 포니테일 금지

이란에서는 남성이 포니테일 머리 모양을 할 수 없어요. 포니테일은 긴 머리를 뒷머리 위쪽에서 끈으로 묶고 머리끝을 말의 꼬리처럼 늘어뜨린 헤어스타일이에요. 포니테일은 서양인들이 즐겨 하는 헤어스타일이라는 이유로 금지되었답니다. 이슬람교를 믿는 보수적인 이란에서는 서구의 문화가 도덕적이지 않고 문란하다고 여기기 때문이에요. 만약 남성이 포니테일 헤어스타일을 하면 경찰서로 끌려가 머리카락이 잘릴 수도 있다고 하네요!

#이란 #헤어스타일 #포니테일_금지

인도

잠깐! 여기서는 셀카 금지

인도의 항구 도시 뭄바이에서는 위험한 곳에서 사진 찍는 행위를 법으로 금지하고 있어요. 간혹 위험한 절벽 같은 곳에서 사진을 찍다가 사고를 당하거나 심지어 목숨을 잃은 사람들이 종종 있거든요. 그래서 사람들이 자주 찾는 절벽이나 해안가 등 관광 명소 중 난간과 같은 안전장치가 없는 곳을 셀카 금지 구역으로 정했답니다.

#인도 #뭄바이 #셀카_금지_구역 #벌금 #안전

> 셀카를 찍지 않고 셀카 금지 구역에 출입하는 것만으로도 벌금을 낼 수 있대요!

일본

이어폰 끼고 자전거 타면 벌금

일본에서는 헤드폰이나 이어폰을 낀 채 자전거를 타면 안 돼요. 주변의 소리를 듣지 못해 사고가 날 수 있기 때문이라고 해요. 만약 이를 어기면 벌금을 낼 수 있다고 하네요.

#일본　#이어폰　#자전거　#벌금　#안전

중국

환생도 정부의 허락이 필요해

중국에는 '환생 금지법'이 있어요. 환생은 죽은 다음 다시 태어나는 것을 말해요. 중국 서남부 시짱(티베트) 자치구에서는 주민들이 라마교에서 전하는 환생을 믿는다고 해요. 사실 환생 금지법은 중국 정부가 티베트의 지도자인 달라이 라마의 후계자 선정에 관여하기 위해 만든 법이에요. 티베트에서는 달라이 라마가 환생해서 지도자가 되는 전통이 있기 때문이지요.

#중국 #환생_금지 #달라이_라마 #티베트_독립

이 법은 중국으로부터 독립을 꿈꾸는 티베트를 억압하고자 만든 법이라며 국제적으로 비난을 받고 있답니다.

환생하면 안 됩니다~.

카자흐스탄

공항에서 사진 촬영은 안 돼!

새로운 여행지에 도착하면 공항에서부터 기념사진을 찍는 경우가 많지요. 하지만 카자흐스탄에서는 그러면 안 돼요. 공항에서 사진을 함부로 찍었다간 경찰에게 잡혀갈 수도 있거든요. 카자흐스탄 공항에서는 사진을 찍는 행위가 불법이기 때문이에요. 카자흐스탄은 테러나 간첩 행위 등에 매우 민감한 나라로 공항뿐 아니라 군대나 정부 건물 안팎에서도 사진 촬영을 금지하고 있답니다.

#카자흐스탄 #공항 #촬영_금지 #테러 #안전

사진 촬영 금지법은 테러와 같은 위험 상황을 막기 위해 생긴 법이랍니다!

타이

왕을 놀리면 벌을 받는다!

타이는 왕이 있는 '입헌 군주국'이에요. 그래서 길거리나 공공 기관 등에 국왕 사진이 많이 걸려 있지요. 그런데 만약 왕의 사진을 훼손하거나 손가락질을 하며 웃는다면 처벌받을 수 있어요. 타이 형법 112조에 있는 '왕실 모독법' 때문이에요. 이 법에는 왕과 왕비, 왕세자 등 왕실에 대한 모독을 하지 못하게 되어 있답니다. 만약 이를 어긴다면 무거운 처벌을 받게 된다고 해요.

#타이 #왕실_모독죄 #감옥

왕실 모독법은 왕에 대한 정당한 비판도 못하게 한다고 해서 타이 국민들이 불만을 가진 법이기도 해요.

투르크메니스탄

검은색 자동차 퇴출

중앙아시아 서남쪽에 위치한 나라 투르크메니스탄에서는 검은색 자동차를 탈 수 없어요. 흰색이 행운을 상징한다고 생각한 대통령이 주요 도시의 건물을 흰색으로 바꾸고, 검은색 자동차 통행을 금지했기 때문이에요. 심지어 수도인 아시가바트에서는 아예 흰색 자동차만 통행이 가능하다고 해요. 마스크도 검은색을 쓰면 안 된대요!

#투르크메니스탄 #검은색 #벌금

이해를 돕는 나라별 정보

🇰🇷 대한민국　법 제정을 기념하는 제헌절이 있어요!

대한민국은 아시아 대륙의 동쪽 끝 한반도에 있는 나라로, 우리 선조들은 최초의 국가인 고조선을 세운 이래로 쭉 한반도에서 살았어요. 1945년 8월 15일, 우리나라는 일제의 식민 지배에서 벗어나 독립했어요. 그리고 1948년에는 우리만의 현대적인 '헌법'을 제정했지요. 헌법은 법 중에서 가장 기본이 되는 법을 말하는데, 이를 만든 7월 17일을 '제헌절'로 기념한답니다. 대한민국 헌법은 가장 첫머리에 '대한민국은 민주 공화국이다. 대한민국의 주권은 국민에게 있고, 모든 권력은 국민으로부터 나온다.'고 선언하고 있어요.

🇲🇾 말레이시아　종교의 자유가 보장되는 이슬람 국가

말레이시아는 아시아 동남부 말레이반도와 보르네오섬 북부에 있는 나라예요. 아시아와 유럽을 잇는 해상 무역의 중심지로 발전했지만, 네덜란드, 영국 등 식민 열강들의 지배를 받게 되었어요. 1957년 영국의 지배에서 벗어나 말라야 연방으로 독립했고, 1963년에서야 현재의 말레이시아 연방이 성립되었답니다. 말레이시아는 국교가 이슬람교이지만 종교의 자유가 보장되어요. 또 선거에 따라 정권이 바뀌는 의원 내각제 국가입니다.

🇲🇻 몰디브　왼손으로 악수를 하지 않아요

몰디브는 아시아 남부 인도양에 있는 수많은 섬으로 이루어진 나라로,

공식 국가명은 '몰디브 공화국'이에요. 몰디브의 국교는 이슬람교로, 국민 대다수가 이슬람교를 믿는다고 해요. 그래서 왼손으로 악수를 하지 않는 사람이 많대요. 무슬림들은 악수를 하거나 식사할 때 반드시 오른손을 사용하기 때문이지요.

사우디아라비아 세계에서 가장 보수적인 이슬람 국가

아라비아반도에 있는 사우디아라비아의 공식 국가명은 '사우디아라비아 왕국'으로, 국왕이 나라를 다스려요. 사우디아라비아는 이슬람교의 대표적인 성지인 메카와 메디나가 있을 뿐 아니라 전 세계에서 가장 보수적인 이슬람 국가이기도 해서, 이슬람 전통주의가 국가 체계의 기본이 되어 실생활에 많은 영향을 미친다고 해요.

싱가포르 공공질서가 엄격한 경제 선진국

동남아시아에 있는 싱가포르는 영토가 매우 작은 도시 국가예요. 영국의 지배에서 독립했을 당시에는 서울과 크기가 비슷했는데, 간척 사업을 꾸준히 해서 지금은 서울보다 큽니다. 세계 10위권 안에 드는 경제 선진국으로, 세계적인 항구와 공항, 유수의 금융 기관들이 모여 있고, 정보 통신 기술도 무척 발달했지요. 또 여러 민족이 섞여 있는 다민족 국가로, 공공질서가 엄격하기로도 유명해요.

아랍 에미리트 이슬람을 믿는 일곱 왕의 나라

아라비아반도에 있는 아랍 에미리트의 공식 국가명은 '아랍 에미리트 연합국'이에요. '에미리트'는 '왕' 또는 '지배자'를 뜻하는데, 일곱 개의 에미리트가 아랍 에미리트를 구성하고 있어요. 이슬람교를 국교로 하는 이슬람 국가여서 종교적인 배경에서 비롯된 관습과 법이 많답니다. 또 나라 대부분이 사막으로 이루어져 오래전부터 낙타를 교통수단으로 이용해 왔어요.

이란 오랜 역사를 지닌 이슬람 국가

아라비아반도와 인도 대륙 사이에 있는 이란은 세계에서 가장 오래된 문명의 발상지 중 하나예요. 페르시아와 이슬람 문명의 영향을 받아 나라 곳곳에 문화 유적지가 자리 잡고 있지요. 공식 국가명을 '이란 이슬람 공화국'으로 정할 만큼 국민 대부분이 이슬람교를 믿어요. 그래서 이슬람 율법과 관련된 관습과 법이 상당히 많답니다.

인도 불교가 시작되고 힌두교를 믿는 나라

아시아 남부에 있는 인도는 세계 4대 문명인 인더스 문명에서 시작되었어요. 공식 국가명은 '인도 공화국'으로, 세계에서 일곱 번째로 땅이 큰 나라예요. 국민 대다수가 힌두교를 믿지만 불교가 시작된 곳이기도 해서, 종교와 관련된 관습이 생활 곳곳에 녹아 있어요. 오랜 역사와 히말라야산맥, 갠지스강, 데칸고원 등 다채로운 풍경 덕에 많은 관광객이 인도를 찾는답니다.

일본 대중교통 선진국이자 자전거 천국

일본은 아시아 대륙 동쪽 끝에 자리 잡은 섬나라로, 공식 국가명은 '일본국'이에요. 대중교통이 무척 발달했지만, 자전거 천국이라고 불릴 정도로 많은 사람이 자전거를 타고 다녀요. 그래서 정부와 지자체는 시민을 대상으로 자전거 관련 안전 교육을 꾸준히 실시하고 있지요. 자전거 운전 중 휴대폰 사용 금지, 야간에는 전조등과 후미등 의무 부착 등 자전거와 관련된 법도 많답니다.

중국 하나의 중국을 외치는 다민족 국가

아시아 대륙을 넓게 차지하고 있는 중국의 공식 국가명은 '중화 인민 공화국'이에요. 국민 대다수인 한족과 오십여 개가 넘는 다양한 소수 민족으로 구성된 다민족 국가이지요. 소수 민족은 대부분 고원이나 삼림 지대 등 변두리에 사는데, 이들 중 일부는 중국으로부터 독립하기 위해 노력하고 있어요. 티베트 사람들이 모여 사는 시짱 자치구, 주민의 과반수가 위구르인인 신장 웨이우얼 자치구 등이 대표적이에요. 하지만 중국 정부는 이들의 분리 독립을 인정하지 않을 뿐 아니라, 독립 운동 자체를 불법으로 규정한답니다.

카자흐스탄 고려인의 아픔이 있는 나라

아시아 대륙 중앙에 있는 카자흐스탄의 공식 국가명은 '카자흐스탄 공화국'이에요. 다양한 민족이 섞인 다민족 국가로, 1937년 소련에 의해 강제로 이주당한 우리나라 사람들도 살고 있답니다. 이때 이주한 분들을 고려인이라고 불러요. 광활한 영토와 풍부한 지하자원을 보유하고 있지만, 정치 상황이 불안정해 무력으로 권력을 빼앗는 쿠데타가 일어나기도 해요. 그렇게 권력을 차지한 사람은 종종 자신의 입맛에 맞게 법을 바꾸기도 한답니다.

🇹🇭 타이   군인들이 다스리는 독재 국가

아시아 남동부 지역에 있는 타이는 동남아시아 국가 중 유일하게 식민 지배를 겪지 않은 나라예요. 공식 국가명은 '타이 왕국'으로, 왕이 있는 나라지요. 법으로 왕의 권력을 제한하는 입헌 군주제 국가이지만, 군인들이 나라를 다스리는 군사 정권이 오랜 기간 독재를 이어 가고 있어요. 세계적으로 유명한 '왕실 모독죄'도 군부 독재에 반대하며 시위에 나선 사람들을 체포하고 재판에 넘기는 등 시민을 탄압하는 데 이용되어 비판받고 있답니다.

🇹🇲 투르크메니스탄   대통령이 '왕'인 나라

지하자원이 풍부한 투르크메니스탄은 중앙아시아 서남부에 있어요. 국토의 대부분이 검은 모래로 이루어진 카라쿰 사막의 일부이고, 서쪽으로는 세계에서 가장 큰 내륙 호수인 카스피해와 맞닿아 있어요. 국민 대다수가 이슬람교를 믿는 이슬람 국가로, 이슬람 문화가 생활 깊숙이 들어와 있어요. 대통령제를 택하고는 있지만 대통령이 선거에 의해 바뀐 적이 거의 없어서 독재 정치나 다름없지요. 그만큼 대통령의 권한이 막강하다 보니, 법도 대통령 입맛에 맞게 바뀔 수밖에요.

유럽은 오래전부터 법을 만들고 수정해 오늘날에 이르렀어요. 최근에는 문화재를 보존하고, 동물을 보호하기 위한 법이 많이 생겨났지요. 문화 유적과 동물을 보호하는 법에서 연어법처럼 오래된 법까지, 유럽에 있는 다양한 법을 알아보아요!

유럽

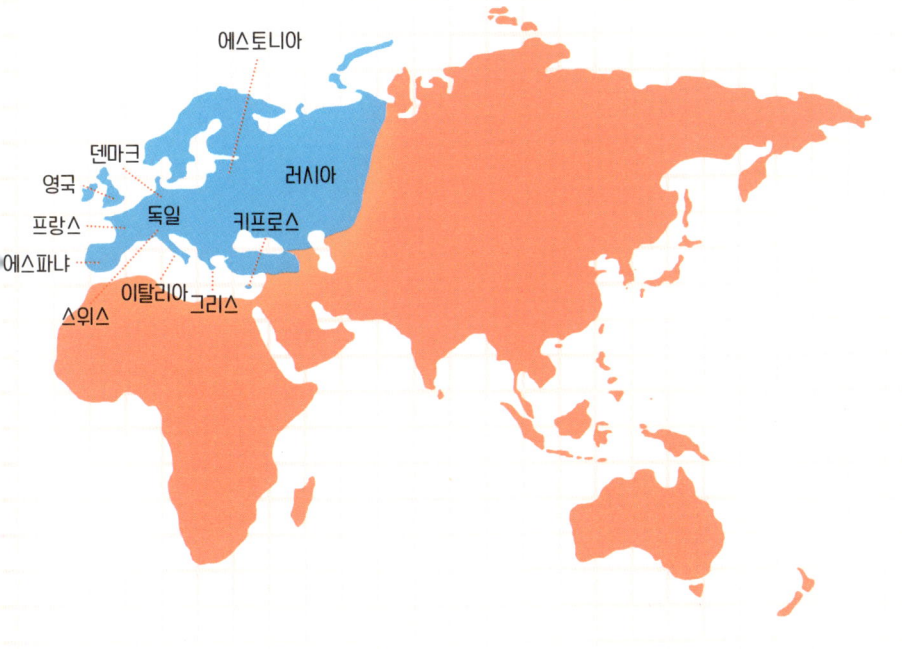

그리스

유적지에서는 하이힐을 벗자

그리스에는 델포이 신전, 아크로폴리스 등 오래된 유적지가 상당히 많아요. 그래서 문화 유적을 보호하기 위한 다양한 법이 만들어졌지요. 대표적인 것이 '하이힐 금지법'이에요. 유적지 안과 주변에서 하이힐을 신고 다니면 안 된다고 정한 거예요. 하이힐의 뾰족한 굽이 유적지를 손상시킬 수 있기 때문이라고 해요. 이뿐만 아니라 유적지에는 음식물을 가져갈 수도, 먹을 수도 없답니다.

#그리스 #문화유산 #하이힐_금지 #유적지_보호

덴마크

아기 이름을 마음대로 지을 수 없어

덴마크에서는 아기의 이름을 부모 마음대로 지을 수 없어요. 정부에서 승인한 이름 중에 선택해서 지어야 하지요. 이상한 이름으로 아기 이름을 짓는 것을 막기 위해 생긴 법이라고 해요. 만약 부모가 정부에서 승인한 이름 말고 다른 이름을 짓고 싶다면, 따로 정부의 허가를 받아야 한답니다.

#덴마크 #아기_이름 #정부_승인

독일

음식 사진을 함부로 찍으면 안 돼!

식당에서 주문한 맛있는 음식이 나오면 휴대폰을 꺼내 사진을 찍는 사람이 많아요. 하지만 독일의 식당에서는 음식 사진을 함부로 찍을 수 없어요. 접시에 담겨 나온 음식을 요리사들의 작품이라고 생각하기 때문이래요. 만약 사진 촬영 금지라고 안내되어 있는 식당에서 음식 사진을 찍어 인터넷이나 SNS에 올리면 벌금을 낼 수도 있다고 하네요.

#독일 #음식 #촬영 #NO_포토존

러시아

차는 항상 깨끗해야만 해

러시아는 평소 눈이 많이 내리는 나라예요. 이러한 눈은 차량 번호판을 가리거나 차를 지저분하게 하기도 해요. 앞 유리에 쌓인 눈을 치우지 않고 운전하다가 시야가 가려져 사고가 나기도 하지요. 그래서 러시아에서는 항상 깨끗이 세차를 해야만 해요. 눈이 온 후 지저분해진 차를 청소하지 않고 그대로 이용하면 벌금을 내야 한답니다.

#러시아 #더러운_차 #벌금 #안전

스위스

갑각류에게 고통을 주면 안 돼!

스위스는 강력한 동물 보호법을 시행하는 나라예요. 2019년에 개정된 스위스의 동물 보호법은 게나 새우, 바닷가재 같은 갑각류를 끓는 물에 산 채로 넣어서 요리하는 것을 금지하고 있어요. 실험을 통해 갑각류들이 고통을 느낀다는 사실을 알게 되었기 때문이에요. 스위스에서 동물 보호법을 위반하면 감옥에 가거나 수천만 원의 벌금을 내야 한답니다.

#스위스 #갑각류 #고통 #벌금 #동물_보호

스위스뿐 아니라 최근 여러 나라에서 동물의 권리를 위한 법들이 생겨나고 있어요.

스위스

금붕어를 외롭게 키우지 말라

스위스에서는 금붕어를 기를 때도 주의해야 해요. 금붕어를 한 마리만 키워서는 안 되거든요. 여러 마리가 함께 생활하는 금붕어를 홀로 키우는 건 금붕어를 괴롭히는 잔인한 동물 학대로 보기 때문이에요. 또 금붕어는 불투명한 어항에서 길러야 하고 금붕어의 생체 리듬을 생각해 조명도 알맞게 조절해야 한답니다.

#스위스 #금붕어 #학대 #동물_보호

사람이 아닌, 금붕어의 입장에서 본 법이랍니다.

에스토니아

여기서는 안전띠 금지

세계 어디에서나 달리는 차에서는 안전을 위해 꼭 안전띠를 매야 하지요. 그런데 에스토니아에는 오히려 안전띠를 매는 게 불법인 곳이 있어요. 바로 히우마섬까지 연결된 빙판 도로로, 바다 위 얼음이 얼어 생긴 길이랍니다. 빙판 도로를 달리는 중 얼음이 깨져 차가 바다에 빠졌을 때 빨리 탈출할 수 있도록 이곳에서는 안전띠를 풀고 운전해야 한답니다.

#에스토니아 #히우마섬 #빙판_도로 #안전

에스토니아

여기서 잠깐!

겨울에만 이용할 수 있는 에스토니아의 빙판 도로에서는
안전띠 착용 금지 외에 몇 가지 더 주의 사항이 있어요.
우선, 해가 진 후에는 빙판 도로를 건널 수 없어요.
안 그래도 위험한 빙판 도로인데, 어둡기까지 하면
운전자도 구조 대원도 위험해지겠지요?
또한 2.5톤 이상 무게가 나가는 차는 지나갈 수 없고,
시속 25~40킬로미터 사이의 특정 속도로 운전하면 안 돼요.
이렇게 일정한 속도로 이동할 때 생기는 진동이 계속되면
얼음이 깨질 수 있기 때문이지요. 오히려 70킬로미터로 달리는 게
안전하다고 하니, 빙판 도로에서의 운전은 참 어렵네요.

에스파냐

운전할 때 슬리퍼, 맨발, 하이힐 금지

에스파냐에서는 슬리퍼를 신고 운전하면 안 돼요. 자칫 브레이크를 밟다가 슬리퍼가 미끄러져 급정거를 못 하거나 사고가 날 수 있으니까요. 슬리퍼뿐 아니라 굽이 높은 신발을 신거나 아예 맨발로 운전하는 것도 금지예요. 위급한 상황이 닥쳤을 때 사고에 대처하는 능력이 떨어질 수 있기 때문이랍니다.

#에스파냐 #운전 #맨발 #하이힐 #금지 #안전

에스파냐

선글라스를 꼭 써야 해

지중해 연안에 있는 에스파냐는 햇살이 아주 강하기로 유명해요. 그래서 운전할 때는 항상 선글라스를 써야 해요. 강한 햇살로부터 눈을 보호하기 위해서지요. 안전 운전을 위해서는 앞이 잘 보여야 하니까요. 같은 이유로 안경을 쓰는 사람은 자동차에 여분의 안경을 준비해 두어야 한답니다.

#에스파냐 #운전 #선글라스 #안전

영국

연어를 들고 있으면 안 돼!

영국에서는 수상한 모습으로 연어를 들고 있으면 안 돼요. 1986년에 연어를 불법적으로 거래하던 사람들을 막기 위해 만들어진 '연어법' 때문이에요. 이 법 때문에 영국에서는 연어를 들고 어두운 곳에서 서성거리는 등 수상쩍은 행동을 하지 못하게 되어 있답니다. 물론 지금은 하루 종일 연어를 들고 다녀도 경찰이 잡거나 하진 않는다고 해요.

#영국 #연어 #불법_거래

영국

지하철에서 새치기하면 벌금

우리나라에서는 새치기를 해도 법적인 처벌을 받진 않아요. 하지만 영국의 지하철에서 새치기를 하다간 벌금을 낼 수도 있어요. 새치기가 엄연한 불법이기 때문이지요. 영국의 지하철에서 새치기를 하다 적발되면 백만 원이 넘는 벌금을 내야 한답니다. 하긴, 다른 사람에게 피해를 주는 새치기는 어디에서도 하지 말아야겠지요.

#영국 #지하철 #새치기 #벌금 #질서 #안전

이탈리아

반려동물도 안전띠를 꼭 해야 해

전 세계적으로 반려동물을 키우는 사람들이 늘어나고 있어요. 사람들은 반려동물과 함께 살며 차를 타고 여행도 다니지요. 이탈리아에서 반려동물을 키우는 사람이라면 주의해야 할 법이 있어요. 차를 타고 이동할 때 사람은 물론이고, 반려동물 역시 안전띠를 꼭 매야 해요. 함께 차에 탄 반려동물이 안전띠를 하지 않으면 경찰의 단속을 받을 수 있답니다.

#이탈리아 #반려동물 #안전띠 #동물_보호

이탈리아

비둘기에게 모이를 주면 안 돼!

백십팔 개의 섬으로 이루어진 항구 도시 베네치아는 세계적인 관광지로 유명해요. 베네치아를 방문하는 관광객들은 하지 말아야 할 행동들이 몇 가지 있는데요, 그중 하나가 비둘기에게 모이를 주는 일이에요. 비둘기에게 모이를 주면 비둘기 수가 증가해서 베네치아가 온통 비둘기 세상이 될 수 있고, 또 비둘기들이 싼 똥으로 인해 유적지가 훼손될 수 있기 때문이라고 해요.

#이탈리아 #베네치아 #비둘기 #환경 #유적지_보호

이탈리아

벌금이 싫으면 옷차림에 신경 써!

패션의 도시로 유명한 이탈리아 밀라노에서는 패션과 관련된 독특한 법이 있어요. 바로 옷을 잘 못 입고 다니면 벌금을 낼 수 있다는 사실! 패션에 신경 쓰지 않고 불쾌한 느낌을 주는 차림새로 거리에 나오면 도시의 미관을 해치기 때문이라고 해요.

#이탈리아 #밀라노 #패션 #벌금

밀라노가 패션에 대해 신경을 많이 쓰는 곳이라서 생겨난 법이라고 해요.

벌금!

신상인데?

이탈리아

스페인 계단은 눈으로만 보자

이탈리아의 수도 로마에는 많은 관광객들이 찾는 '스페인 계단'이라는 장소가 있어요. 영화 〈로마의 휴일〉에서 주인공이 이탈리아식 아이스크림인 젤라토를 맛있게 먹던 장소로도 유명하지요. 하지만 이곳에서는 더 이상 음식을 먹거나 앉아 있을 수 없어요. 스페인 계단과 주변의 문화재를 보호하기 위해 해당 장소에서 음식 섭취와 휴식을 금지했기 때문이랍니다.

#이탈리아 #로마 #스페인_계단 #로마의_휴일 #문화재_보호

이탈리아

해양 생태계를 위협하는 플라스틱 금지

이탈리아 남부 지중해에 있는 휴양지 카프리섬에서는 플라스틱을 사용할 수 없어요. 플라스틱으로 된 물병이나 그릇, 빨대 등의 사용이 금지되었거든요. 넘쳐나는 플라스틱 쓰레기들이 환경 오염을 일으켜 해양 생태계가 위협을 받기 때문이에요. 만약 플라스틱 제품을 사용하면 벌금을 물어야 한답니다.

#이탈리아 #카프리섬 #플라스틱 #벌금

키프로스

차 안에서는 아무것도 먹으면 안 돼!

지중해 동부에 있는 섬나라 키프로스에서는 운전자가 차 안에서 물을 포함해 어떤 음식도 먹을 수 없답니다. 만약 차 안에서 몰래 음식을 먹다가 경찰에게 적발되면 벌금을 내야 해요. 두 손으로 운전대를 잡아야 안전한데 음식을 먹기 위해 손을 떼면 사고가 날 위험이 커지기 때문이지요.

#키프로스 #차_안 #음식_섭취 #벌금 #안전

프랑스

돼지는 나폴레옹이 될 수 없어

프랑스에서는 돼지에게 '나폴레옹'이라는 이름을 붙일 수 없어요. 프랑스 황제였던 나폴레옹의 명예가 더럽혀진다고 생각하기 때문일까요? 사실 그 이유는 조지 오웰의 소설《동물 농장》에 있어요. 이 소설에 독재자를 상징하는 나폴레옹이라는 돼지가 등장하기 때문이에요. 독재에 반대하는 의미에서 생긴 법이라고 할 수 있겠네요.

#프랑스   #돼지_이름   #나폴레옹   #조지_오웰   #동물_농장

내 이름은 안 된단다.

프랑스

초등학교에서 케첩 사용 금지

프랑스 초등학교 식당에서는 케첩 사용을 금지하고 있어요. 건강 때문이냐고요? 그게 아니라 어린이들이 케첩을 즐겨 먹으면, 미각 발달에 영향을 끼쳐서 프랑스 전통 요리의 맛을 알지 못하게 되기 때문이래요. 하지만 일주일에 딱 한 번, 감자튀김을 먹는 날에는 케첩을 먹을 수 있다고 해요.

#프랑스 #초등학교 #케첩_금지

어린이 케첩 금지는 초등학교에서만 시행된다고 해요.

프랑스

헐렁한 수영복은 안 돼!

프랑스에서 공공 수영장을 이용할 때는 몸에 딱 붙는 수영복만 입어야 해요. 트렁크 수영복 같은 헐렁한 수영복을 입고 물에 들어가는 걸 금지하고 있기 때문이에요. 수질을 보호해 깨끗한 수영장 환경을 유지하기 위해서랍니다. 프랑스에서 공공 수영장에 갈 계획이 있다면 몸에 딱 붙는 수영복을 챙겨야겠네요!

#프랑스 #공공_수영장 #수영복 #환경

이해를 돕는 나라별 정보

그리스   수많은 유적지가 있는 유럽 문화의 뿌리

그리스는 유럽 대륙의 남동부 발칸반도에 있는 나라예요. 유럽 문화의 뿌리라고 할 수 있는 헬레니즘이 생겨난 곳으로, 오랜 역사와 수많은 유적지가 있어서 많은 사람이 찾지요. 그래서 관광 산업이 그리스 산업에서 큰 비중을 차지하고 있다고 해요. 민주주의라 하면 그리스를 떠올리지만, 그리스 아테네에서 시행한 민주주의는 진정한 민주주의가 아니었어요. 모든 사람이 아닌 시민의 자격을 가진 일부 사람들만이 그 권리를 행사했기 때문이지요. 그리스는 1975년 제정된 헌법에 따라 의회 민주주의 공화국이 되었답니다.

덴마크   살기 좋은 복지 국가

유럽 북부의 유틀란트반도에 있는 덴마크의 공식 국가명은 '덴마크 왕국'이에요. 이름에서 알 수 있듯이 왕이 있는 나라지요. 크기도 작고 인구도 적지만, 국민 소득은 높은 나라예요. 탄탄한 경제를 바탕으로 스웨덴, 노르웨이와 함께 삶의 질이 높은 국가로 평가받고 있답니다. 덴마크에서는 국민을 위한 여러 가지 제도와 다양한 정책을 실시하는 것으로도 유명하지요. 또한 자전거 문화도 발달해 있어요. 덴마크에는 자전거 도로가 잘 정비되어 있어서 대다수 시민이 자전거로 출퇴근을 한다고 해요. 2009년 세계 최초로 자전거 대사관이 생겼고, 전 세계에 덴마크의 자전거 타기 문화를 알리는 데 힘쓰고 있다고 하네요.

🇩🇪 독일   대륙법을 채택한 대표적인 나라

독일은 유럽 중부에 있는 나라로, 공식 국가명은 '독일 연방 공화국'이에요. 제2차 세계 대전 후에 독일연방공화국(서독)과 독일민주공화국(동독)으로 나뉘었다가 1990년 통일되었어요. 제1차 세계 대전과 제2차 세계 대전을 주도했던 독일은 전쟁에서 진 후에 경제적으로 큰 어려움을 겪었어요. 하지만 공학과 의학 등에 꾸준히 투자해서 선진국으로 도약할 수 있었지요. 독일은 프랑스와 함께 '대륙법'을 채택한 대표적인 나라로, 우리나라 법체계에도 큰 영향을 미쳤어요. 대륙법이란, 문서로 만든 법전을 바탕으로 한 법체계를 말합니다.

🇷🇺 러시아   세계 최초의 사회주의 국가

러시아는 유럽과 아시아 대륙 북쪽에 있는 나라로, 크기도 크고 인구도 많아요. 광물 자원과 석유, 천연가스 등의 지하자원이 풍부하고, 세계 최대의 담수호인 바이칼호도 있지요. 여름은 짧고, 겨울이 무척 춥고 길어요. 공식 국가명은 '러시아 연방'으로, 인종과 문화가 다양한 다민족 국가랍니다. 오랜 기간 사회 공동의 생산과 소유를 중시하는 사회주의 체제를 유지해 왔어요. 사회주의 체제에 반대하는 사람들은 탄압하고 억압했지요. 그래서일까요? 러시아 사람들은 자기감정을 잘 드러내지 않고, 무뚝뚝하답니다.

🇨🇭 스위스   동물도 살기 좋은 나라

유럽 중앙에 있는 스위스의 공식 국가명은 '스위스 연방'이에요. 면적도 작고 인구도 적지만 직접 민주주의가 구현되고 국민 소득이 높은 선진국이랍니다. 화학, 제약, 기계 산업 등이 핵심 산업 분야로, 국토 전역이 알프스산맥에 걸쳐 있어서 관광객이 많이 찾는 마을과 도시는 환경 보존과 관광 산업 유지를 위해 노력하고 있다고 해요. 그래서 스위스는 대표적인 환경 청정 국가로 불린답니다. 또한 산이 많아 농지가 부족하다 보니 농업을 보호하는 정책을 펼치고 있어요. 질 높은 농축산물을 생산하기 위해 동물 복지를 강화하고 친환경 농업에 보조금을 지급한다고 하네요.

에스토니아 빙판 도로가 있는 나라

동부 유럽에 있는 에스토니아의 공식 국가명은 '에스토니아 공화국'이에요. 국토가 절반 가까이 산림 지대로 이루어져 있어서 오래전부터 목재 산업이 발달했어요. 산지가 많은 데다 환경이 오염되지 않아서 늑대, 곰, 사슴 등 야생 동물들도 많이 살고, 희귀한 조류와 식물도 많아요. 핀란드를 마주 보고 발트해를 접하고 있는데, 겨울에는 바다 위 얼음이 얼어 히우마섬까지 빙판 도로가 생긴다고 해요. 세계 최초로 선거에 전자 투표를 도입한 IT 강국으로, 에스토니아송페스티벌 등 많은 음악 축제가 열린답니다.

에스파냐 아름다운 건축과 자연이 있는 나라

유럽의 남서쪽 이베리아반도에 있는 나라로, 공식 국가명은 '에스파냐 왕국'이에요. 유럽과 아프리카 대륙 사이의 다리 역할을 하면서 다양하고 풍성한 문화유산이 형성되었지요. 아름다운 자연환경과 역사적으로 중요한 건축물 등이 많이 남아 있어 관광객이 많은 찾는 나라랍니다. 콜럼버스의 신대륙 발견을 후원하며 남북 아메리카의 정복과 식민지 건설에 앞장서기도 했어요. 그래서 남아메리카의 수많은 나라들이 에스파냐어를 사용하지요. 에스파냐는 국왕이 의회와 권력을 나눠 갖는 몇 안 되는 나라이기도 해요.

🇬🇧 영국   산업혁명을 이룬, 해가 지지 않는 나라

유럽 대륙 서북쪽에 있는 영국은 그레이트브리튼섬과 아일랜드섬 북쪽의 북아일랜드로 이루어진 섬나라예요. 공식 국가명은 '그레이트브리튼과 북아일랜드 연합 왕국'으로, 왕이 있지만 나라를 다스리지는 않고, 국민을 통합하는 상징적인 역할만 하지요. 영국은 수많은 전쟁을 펼치며 강력한 국방력을 쌓았고, 세계 각지에 식민지를 건설하여, 한때 '해가 지지 않는 나라'라고도 불렸답니다. 대륙법과 사뭇 다른, 판례를 중심으로 한 '영미법'을 채택한 대표적인 나라예요.

🇮🇹 이탈리아   로마 제국이 시작된 곳

유럽 중남부에 있는 이탈리아는 그리스와 함께 유럽 문명의 뿌리로 불려요. 공식 국가명은 '이탈리아 공화국'으로, 고대 로마 제국이 시작된 곳이에요. '모든 길은 로마로 통한다'는 말이 있을 정도로 로마는 전 세계에 막강한 영향을 끼쳤어요. 대부분의 학자들은 이때 만들어진 로마 제국의 법전이 현재 대륙법의 토대가 된 것으로 보고 있답니다. 오랜 역사와 함께 수많은 예술가를 탄생시킨 문화 강국 이탈리아는 전 세계 사람들이 즐겨 찾는 관광지이기도 하지요.

🇨🇾 키프로스   유럽의 분단국가

키프로스는 지중해 동쪽 끝에 있는 섬나라로, 공식 국가명은 '키프로스 공화국'이에요. 유럽과 아시아 중간에 위치한 지리적 특성으로, 동서양의 다양한 요소가 어우러진 독특한 문화와 생활 양식을 볼 수 있어요. 지리적 중요성 때문에 제1차 세계 대전 때 영국의 식민지가 되었다가 독립했어요. 1974년에 군사 쿠데타가 일어나 남북으로 분단되었고, 이후 북키프로스가 독립 국가임을 선언했지만, 아직 국제 사회의 승인을 받지 못한 상태예요. 남북으로 나뉘어 있어서 양쪽을 오갈 때는 특히 유의해야 한답니다.

🇫🇷 프랑스   자유, 평등, 박애의 나라

유럽에서 세 번째로 면적이 넓은 프랑스는 유럽 대륙의 서쪽에 있어요. 공식 국가명은 '프랑스 공화국'으로, 오랜 기간 왕이 다스리는 왕정 국가였다가, 시민들이 일으킨 프랑스 혁명을 거쳐 국민에게 주권이 있는 공화국이 되었어요. 혁명 당시 모든 사람이 자유롭고 평등해야 한다는 주장을 담은 '프랑스 인권 선언'이 만들어졌는데, 이는 '세계 인권 선언'의 기초가 되었지요. 비옥한 땅에서 자라는 풍부한 식재료로 미식의 나라로 불릴 만큼 음식 문화가 발달했어요. 그만큼 국민들의 프랑스 요리에 대한 자부심도 크답니다.

타 대륙에서 이주해 온 이민자들이 많이 정착한 남·북아메리카에는 어린이를 위한 독특한 법이 많아요. 또한 이웃에게 피해를 주지 않기 위해 정해 놓은 유별난 법도 있지요. 지금부터 아메리카 대륙의 다양한 법을 함께 살펴보아요.

아메리카

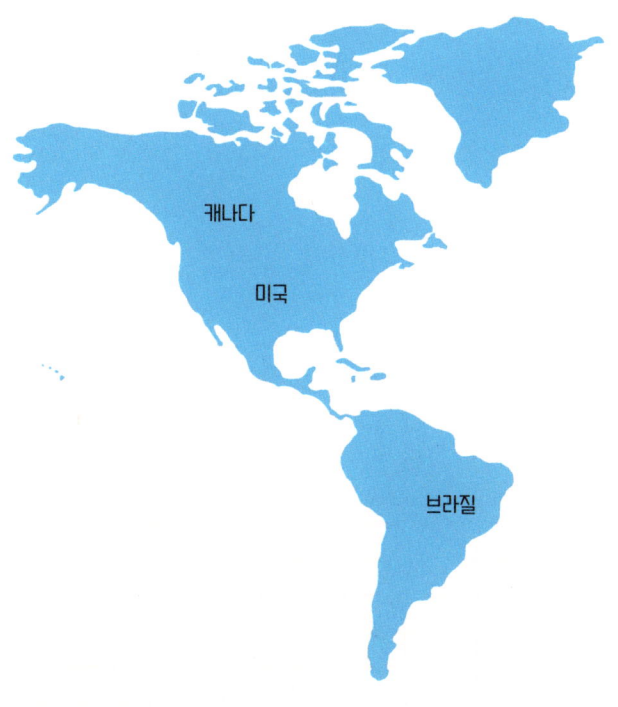

미국

마늘을 먹었다면 외출 금지

미국 인디애나주에는 독특한 법이 있어요. 바로 마늘을 먹고 난 뒤 네 시간 동안 외출을 하면 안 된다는 법이에요. 폴폴 마늘 냄새가 나면 다른 사람들에게 불쾌감을 주는 등 공공 환경을 해치기 때문이래요. 만약 마늘을 먹은 뒤 바로 외출을 하면 환경법 위반으로 처벌받을 수 있답니다. 이 때문에 마늘을 먹은 뒤에는 공공 기관이나 극장, 쇼핑센터는 물론 대중교통도 이용할 수 없다고 하네요.

#미국 #인디애나주 #마늘 #환경법

미국

뽕, 뽕, 뿌웅! 방귀 금지법

미국 플로리다주에서는 정해진 요일과 시간에 방귀를 뀔 수 없는 '방귀 금지법'이 있어요. 매주 목요일 오후 여섯 시부터 자정까지 공공장소에서 방귀 뀌는 것을 금지하고 있답니다. 다른 사람에게 불쾌감을 주는 건 물론, 공기를 오염시키기 때문에 만들어진 법이라고 하네요. 방귀가 나오려고 한다고요? 그럼 집으로 달려야 해요!

#미국 #플로리다주 #공공장소 #방귀 #환경

미국

선인장을 괴롭히면 안 돼!

넓은 사막이 펼쳐진 미국 애리조나주에는 선인장이 많아요. 이런 애리조나주에는 선인장을 보존하기 위한 '선인장 보호법'이 있어요. 이유 없이 가지를 자르는 등 선인장에 해를 입히면 중범죄로 분류되어 감옥에 가거나 벌금을 낼 수 있다고 해요.

#미국 #애리조나주 #선인장 #훼손 #벌금

미국

전파를 방해하는 기기는 사용 금지

미국의 작은 도시 그린 뱅크에서는 휴대폰이나 텔레비전, 전자레인지 같은 전자 기기를 사용할 수 없어요. 마을 인근에 미국 국립 전파 천문대가 있기 때문이지요. 천문대에 있는 전파 망원경은 우주에서 오는 아주 미세한 전파를 탐지해 별과 은하를 관측하는데, 전자 기기를 사용하면 우주 관측에 방해가 될 수 있다고 해요. 불편한데도 불구하고 마을 주민들은 이 법을 잘 지킨다고 하네요.

#미국   #그린_뱅크   #전자기기   #금지   #별과_은하

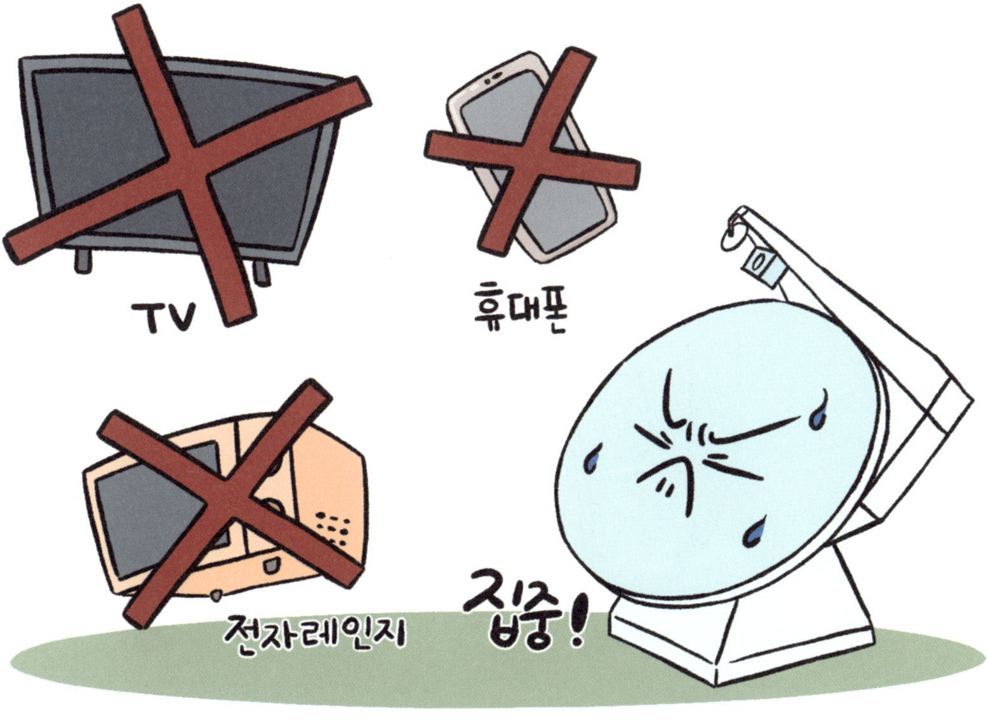

미국

어린이를 위해 책가방은 가볍게

미국 캘리포니아주에서는 어린이들이 학교에 갈 때 메고 다니는 책가방의 무게를 법으로 제한하고 있어요. 가방의 무게는 아이 체중의 10~15퍼센트 미만이어야 한답니다. 어린이가 무거운 책가방을 들고 다니면 등과 척추에 무리를 주고 심한 경우 다칠 수 있기 때문이에요.

#미국 #캘리포니아주 #책가방 #어린이 #건강

무거운 가방을 들게 하는 건 아이의 건강을 해치고 고통을 주는 아동 학대로 본다고 해요.

미국

차 안에 어린이를 혼자 두지 마시오

서태평양 마리아나 제도에 위치한 섬, 괌은 쇼핑과 휴양을 할 수 있는 관광지로 유명해요. 가족과 함께 여행하는 사람이라면 주의해야 할 것이 있어요. 괌에서는 차 안에 다섯 살 이하의 어린이를 혼자 두면 안 돼요. 연평균 기온이 섭씨 삼십도 이상이라서 주차된 차의 온도가 급격히 올라가 차 안이 매우 뜨거워지거든요. 만약 차 안에 어린이가 있으면 위험할 수 있기 때문에 생긴 법이랍니다.

#미국 #괌 #차_온도 #어린이 #안전

미국

휴대폰 보면서 걸으면 벌금

아름다운 해변과 멋진 풍경으로 유명한 하와이에서 길을 걸을 때 주의할 게 있어요. 휴대폰이나 카메라 화면 등을 보면서 걸으면 안 된답니다. 간혹 휴대폰을 보며 길을 걷는 사람들이 앞을 보지 않고 고개를 숙인 채 걷다가 넘어지는 사고가 종종 발생하기 때문이래요. 다른 사람의 안전도 위협하기 때문에 적발되면 벌금을 내야 한대요. 휴대폰보다는 주변을 살피라는 의미가 담긴 법이네요!

#미국 #하와이 #휴대폰 #스몸비 #벌금 #안전

브라질

선거 날에는 술을 마시지 마시오

브라질에서는 선거일에 술을 마시면 안 돼요. 선거일 자정에서 투표가 끝나는 때까지 술을 마실 수 없는 거예요. 심지어 이때는 술을 사거나 팔 수도 없답니다. 선거일 금주령은 술에 취해 투표장에 오는 걸 막기 위해 생겨난 법이라고 해요. 이 때문일까요? 브라질의 선거 투표율은 매우 높다고 하네요.

#브라질 #선거일 #금주 #사회_질서

캐나다

스쿨버스 주변 차는 모두 정지

캐나다에는 스쿨버스와 관련된 다양한 법이 있어요. 아이들이 차에서 내리기 위해 스쿨버스가 서 있을 때는 주변에 있는 차들이 모두 멈춰야 해요. 뒤따라오던 자동차도 이십 미터 이상 거리를 두고 멈춰야 하지요. 아이들이 안전하게 버스를 오르내릴 수 있도록 정한 법이에요. 만약 멈추지 않고 달리다가 적발되면 벌금을 내고 벌점을 받아요. 또 운전면허가 정지될 수도 있다고 해요.

#캐나다 #스쿨버스 #정차 #안전

캐나다

아기의 안전을 위해 보행기 사용 금지

보행기는 아기들이 걸음을 익히기 위해 사용하는 기구예요. 하지만 캐나다에서는 보행기를 사용할 수 없답니다. 아기가 보행기를 타다가 넘어지거나 계단에서 굴러떨어지는 등의 안전사고가 일어날 수 있기 때문이지요. 만약 아기에게 보행기를 사용하면 높은 벌금을 내거나 수개월 동안 감옥에 갈 수도 있다고 해요.

#캐나다 #보행기_금지 #벌금 #감옥 #안전

이해를 돕는 나라별 정보

🇺🇸 미국 이민자들이 세운 나라

북아메리카 대륙에 있는 미국은 세계에서 세 번째로 영토가 큰 나라예요. 그만큼 각종 지하자원 및 에너지 자원이 풍부하지요. 영국의 식민지였다가 1776년 독립한 미국의 공식 국가명은 '아메리카 합중국'으로, 여러 주가 모여 공화국을 이루고 있어요. 그래서 주마다 조금씩 법이 다르답니다. 또한, 이민자들에 의해 건설된 나라인 만큼 미국에는 다양한 인종과 민족이 섞여 있어요. 이처럼 다채로운 문화가 공존하는 미국은 제2차 세계 대전 이후로 군사·정치·경제·문화 등에서 강대국으로 자리 잡았답니다.

🇧🇷 브라질 지구의 허파, 아마존의 나라

브라질은 남아메리카 중앙에 있는 나라로, 공식 국가명은 '브라질 연방 공화국'이에요. 세계에서 다섯 번째로 면적이 넓어서 다양한 자연환경이 있어요. 지구의 허파라고 불리는 아마존 열대 우림은 전 세계에서 생물 다양성이 가장 높은 곳으로 유명하지요. 비가 많이 오는 우기에는 산사태가 나거나 강물이 넘쳐 고립되는 지역이 발생하기도 해요. 브라질은 오랜 기간 포르투갈의 식민 지배를 받다가 1822년 독립했어요. 선거로 대통령을 뽑는 대통령 직선제를 실시하지만, 여러 차례 군부 쿠데타와 군사 독재 정권을 경험하여 권위주의적 성격이 강하답니다.

🇨🇦 캐나다 세계 최초로 다문화주의를 법으로 제정하다!

북아메리카 대륙 북쪽에 있는 캐나다는 세계에서 두 번째로 면적이 넓지만, 사람이 살 수 있는 지역은 많지 않아요. 영국의 식민 지배를 받다가 독립한 캐나다는 다양한 인종으로 구성된 다문화 사회로, 세계 최초로 다문화주의를 법으로 제정했어요. 여러 유형의 다채로운 문화를 수용하자는 다문화주의는 음악 축제, 연극 축제 등 문화 행사를 비롯한 캐나다 곳곳에서 찾아볼 수 있답니다.

인류가 처음 등장한 아프리카와 남반구의 광활한 바다로 둘러싸인 오세아니아에는 사바나, 밀림, 산호초와 같은 아름다운 자연환경을 보호하기 위한 법이 생겨나고 있어요. 비닐봉지 사용 금지, 선크림 사용 금지 등 환경 보호를 위한 법에는 어떤 게 있는지 살펴보아요.

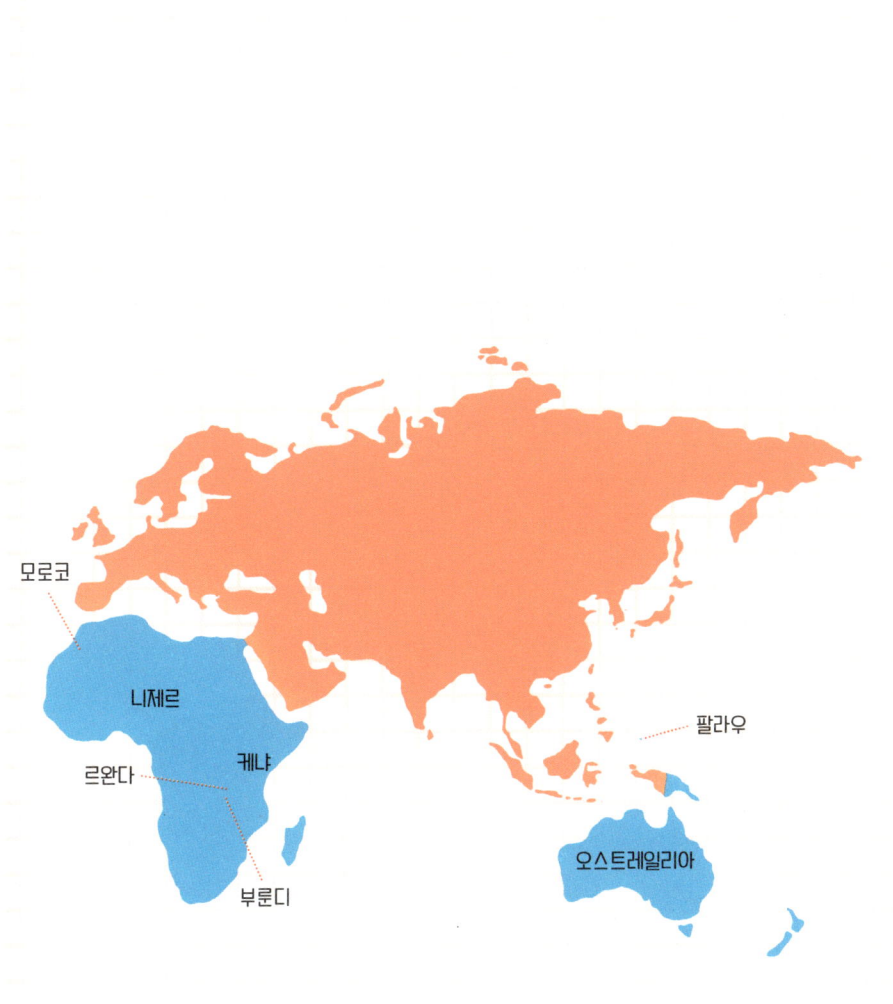

아프리카 & 오세아니아

니제르

항상 신분증을 갖고 다녀야 해

아프리카 서부, 사하라 사막 남쪽에 있는 나라 니제르는 세계에서 가장 아름다운 사막 풍광으로 유명하지요. 하지만 정치 상황이 불안정한 데다 사막은 반정부 세력이 활동하는 지역이기도 해요. 그래서 니제르에서는 항상 신분증을 가지고 다녀야 해요. 군인이나 경찰이 언제 갑자기 검문을 할지 모르기 때문이랍니다.

#니제르 #신분증 #필수 #안전

르완다

플라스틱 가방은 쓸 수 없어!

환경 오염이 심해지고 있는 오늘날, 여러 나라에서 다양한 환경 정책을 펴고 있어요. 아프리카 중동부의 르완다에서도 플라스틱 사용을 줄이는 정책을 시행하고 있어요. 미생물에 의해 분해되는 생분해성 플라스틱이 아니면 플라스틱으로 된 봉투나, 가방 등을 사용할 수 없어요. 이러한 르완다에서는 시민들이 나서서 거리를 청소하는 등 환경을 지키기 위한 활동을 꾸준히 진행하고 있답니다.

#르완다 #플라스틱_금지 #환경

모로코

다른 종교에 대해 말할 수 없어

북아프리카에 위치한 이슬람 국가 모로코는 이슬람교가 아닌 다른 종교 활동을 엄격히 금지하고 있어요. 모로코에서는 심지어 외국인들이 이슬람교가 아닌 다른 종교를 언급해서도 안 돼요. 이슬람교가 아닌 다른 종교를 모로코 사람들에게 알리거나 그에 관해 대화를 나누기만 해도 포교 활동으로 본다고 해요. 만약 발각되면 감옥에 가거나 강제 추방되는 등 무시무시한 처벌을 받을 수 있답니다.

#모로코 #이슬람교 #포교_활동 #강제_추방

부룬디

단체 조깅 금지

많은 사람이 건강을 위해 천천히 달리는 운동인 조깅을 해요. 하지만 아프리카 중동부에 있는 부룬디에서는 여러 사람이 함께 조깅을 할 수 없어요. 장기 집권을 노리는 대통령이 사람들이 모이는 것을 금지하면서, 단체 조깅도 할 수 없게 되었기 때문이죠. 실제로 단체로 조깅을 하다가 감옥에 간 사람도 있답니다.

#부룬디 #단체_조깅_금지 #독재

오스트레일리아

차창 밖으로 손 내밀면 안 돼!

오스트레일리아에서는 운전 중 창밖으로 손이나 머리 등 신체 부위를 내밀어서는 안 돼요. 유일하게 다른 차 운전자에게 신호를 보내는 용도만 허용되지요. 만약 이를 어기면 벌점이 매겨지고 벌금을 내야 해요. 달리는 차에서 신체 부위를 내밀면 운전에 방해가 되고, 자칫 사고로 이어질 수 있기 때문에 생겨난 법이랍니다.

#오스트레일리아　#차창_밖　#신체_부위　#벌금

케냐

비닐봉지를 사용하면 안 돼!

케냐는 야생 동물과 아름다운 사바나 초원으로 유명해요. 하지만 사람들이 무분별하게 사용하는 일회용품 때문에 자연이 오염되고 있어요. 특히 버려진 비닐봉지를 먹은 야생 동물이 죽거나 다치는 경우가 많다고 해요. 그래서 케냐 정부는 비닐봉지를 만들거나 판매하고 사용하는 행위를 모두 금지했어요. 만약 법을 지키지 않으면 감옥에 가거나 벌금을 내야 한답니다.

#케냐 #비닐봉지_금지 #벌금 #징역 #환경

팔라우

자연을 지키는 선크림 금지법

태평양에 있는 팔라우는 수백 개의 섬으로 이루어진 아름다운 나라예요. 멋진 자연환경으로 세계 곳곳에서 관광객들이 찾아오는 곳이기도 하지요. 하지만 이곳에는 선크림을 절대 가져갈 수 없어요. 선크림에 들어 있는 화학 성분이 바닷물과 만나면 산호를 손상시키고 백화 현상을 일으켜 해양 생물을 죽게 만들거든요. 이 때문에 팔라우에서는 선크림을 바르거나 판매하는 것을 모두 금지했답니다. 선크림 금지는 아름다운 자연을 지키기 위한 법이네요!

#팔라우 #선크림_금지 #해양_생물 #백화_현상 #환경

이해를 돕는 나라별 정보

니제르 국토의 대부분이 사막이에요

니제르는 아프리카 대륙 사하라사막 중남부에 있는 나라로, 공식 국가명은 '니제르 공화국'이에요. 전 세계에서 가장 더운 나라 중 하나로, 국토의 대부분이 사막이에요. 출산율은 높지만 유아 사망률도 높고, 기대 수명은 짧아요. 척박한 환경에서 먹고살기가 어려워 생계형 범죄가 자주 일어나고, 테러 단체들이 활동하기도 하지요. 선거로 대통령을 뽑는 대통령제 공화국이지만, 군부 쿠데타가 일어나 군부 정권이 지속되고 있답니다.

르완다 내전으로 고통받는 나라

아프리카 중앙에 있는 르완다의 공식 국가명은 '르완다 공화국'이에요. 아프리카에서 인구가 가장 많이 모여 사는 지역으로, 식민 지배를 겪으며 생긴 부족 간 갈등으로 내전이 일어났어요. 내전으로 많은 사람이 죽고 다쳤으며, 경제 상황도 어려워졌지요. 최근에는 환경 오염 방지를 위한 여러 정책을 펼쳤는데, 대표적인 것이 플라스틱으로 만든 가방 사용 금지랍니다.

모로코 엄격한 이슬람 국가

아프리카 북서쪽에 있는 모로코의 공식 국가명은 '모로코 왕국'이에요. 프랑스와 에스파냐의 식민 지배를 받다가 독립했지요. 국민 대부분이 이슬람교를 믿는 이슬람 국가로 종교에 관한 법률이 엄격한 편이에요.

이슬람교도인 무슬림들이 단식하며 기도를 올리는 라마단 기간에는 해가 지기 전까지 공공장소에서 음식물을 먹거나 담배를 필 수 없고, 식당은 대부분 문을 닫는답니다.

부룬디 부족 간 갈등이 심한 나라

아프리카 중앙에 있는 부룬디의 공식 국가명은 '부룬디 공화국'이에요. 제1차 세계 대전 이후 벨기에의 지배를 받다가 1962년 독립했어요. 르완다처럼 부족 간 대립이 무척 심해서 많은 사람이 희생됐어요. 국민들이 선거를 통해 뽑는 대통령제이지만, 쿠데타로 인한 군사 정권이 오래도록 계속되고 있어요.

오스트레일리아 세계에서 가장 건조한 대륙

오스트레일리아는 세계에서 가장 작은 대륙에 있어요. 공식 국가명은 '오스트레일리아 연방'으로, 귀여운 코알라와 캥거루로 유명하지요. 세계에서 가장 건조한 대륙으로, 대륙 중앙부는 사막 지대예요. 그래서 봄과 여름에 크고 작은 산불이 자주 일어나요. 원래 오스트레일리아에는 사람이 많이 살지 않았어요. 영국이 식민지로 삼아 죄수들을 보내면서 도시가 만들어지고, 인구도 늘어나기 시작했지요. 도시가 해안을 따라 발달하다 보니 넓은 지역에 걸쳐 교통이 발달했고, 도시마다 교통 시스템도 조금씩 달라요. 전 좌석 안전띠 착용이 필수이고, 운전 중에는 휴대폰을 사용할 수 없어요. 창밖으로 신체 부위를 뻗는 것도 불법이랍니다.

케냐   야생 동물의 낙원

아프리카 대륙 동쪽에 있는 나라로, 공식 국가명은 '케냐 공화국'이에요. 세렝게티 평원 등 야생 동물들이 살기 좋은 환경을 갖추고 있어서, 야생 동물의 낙원으로 불려요. 케냐에 가면 들판을 뛰어다니는 얼룩말, 사자, 치타 등 다양한 야생 동물을 볼 수 있답니다. 또한 원시적인 자연환경과 아름다운 풍경을 보러 오는 관광객이 많아서, 케냐 정부는 환경을 보호하기 위한 정책을 활발히 펼치고 있어요. 덕분에 물, 공기, 생태계, 폐기물, 해양, 화학 물질 등 환경 분야의 수많은 국제회의가 열리는 유엔환경계획(UNEP) 본부가 있어서 '세계 환경 외교의 중심지'로 불리기도 한답니다.

팔라우   삶의 터전인 바다를 지키는 데 앞장서요!

팔라우는 태평양 서쪽 끝에 있어요. 무려 340여 개의 섬으로 이루어진 섬나라예요. 산이 많은 고지대로 이루어진 섬에서부터 커다란 암초 울타리로 둘러싸인 산호섬에 이르기까지, 팔라우의 섬들은 지형이 다양해요. 이처럼 독특한 섬과 아름답고 깨끗한 바다를 보기 위해 매년 수많은 관광객이 팔라우를 찾지요. 팔라우 사람들에게 바다는 삶의 터전이에요. 그래서 팔라우 정부는 바다 환경을 지키기 위한 정책을 엄격하게 펼치고 있답니다.

박효연 글

어릴 적에는 미지의 세상을 탐험하는 여행가가 꿈이었습니다. 지금은 책을 통해 지식 여행 떠나기를 즐겨 합니다. 아동문학평론에 동시가 당선되어 동시 작가가 됐고 시사 프로그램을 제작하는 방송 작가이자 어린이 책을 쓰는 작가로 활동하고 있습니다. 지은 책으로는 《세계 시장에서 배우는 착한 경제》《벌거벗은 세계사 2》《신드바드와 떠나는 위대한 모험》《동물과 함께하는 세계지리여행》《한눈에 쏙 세계사5》《한눈에 쏙 세계사 9》《지구에게 남은 시간은 얼마일까?》 등이 있습니다.

박선하 그림

대학에서 애니메이션을 전공하고 지금은 프리랜서로 활동하며 어린이 책에 그림을 그리고 있습니다. 어린이 친구들의 상상력을 키우는 재미있는 그림을 그리기 위해 오늘도 즐겁게 그립니다. 그린 책으로는 《전쟁에서 찾은 세계 지리 이야기》《디지털 미래의 어두운 그림자, 전자 쓰레기 이야기》《내 마음이 뇌 때문이라고?》《전염병을 막아라! 시간 여행》《해달 쌤 수영장》《안녕? 나는 멋진 플랑크톤이야!》 등이 있습니다.

세상에 이런 법이 있다고?

초판 1쇄 발행 2023년 11월 27일
초판 2쇄 발행 2024년 05월 02일

글 박효연　**그림** 박선하
발행처 주식회사 스푼북　**발행인** 박상희　**총괄** 김남원
편집 길유진 김선영 박선정 김선혜 권새미
디자인 권수아 정진희　**마케팅** 구혜지 박미소
출판신고 2016년 11월 15일 제2017- 000267호
주소 (03993) 서울시 마포구 월드컵북로6길 88-7 ky21빌딩 2층
전화 02- 6357- 0050(편집) 02- 6357- 0051(마케팅)
팩스 02- 6357- 0052　**전자우편** book@spoonbook.co.kr

ⓒ박효연, 박선하 2023
ISBN 979-11-6581-477-9 (73300)

* 저작권법에 의하여 한국 내에서 보호를 받는 저작물이므로 무단 전재와 무단 복제를 금합니다.
* 잘못 만들어진 책은 구입하신 곳에서 바꾸어 드립니다.

| **제품명** 세상에 이런 법이 있다고? | **제조자명** 주식회사 스푼북 | **제조국명** 대한민국 |

전화번호 02-6357-0050
주소 (03993) 서울특별시 마포구 월드컵북로6길 88-7 ky21빌딩 2층
제조년월 2024년 05월 02일　|　**사용연령** 10세 이상
※ KC마크는 이 제품이 공통안전기준에 적합하였음을 의미합니다.

⚠ **주 의**
아이들이 모서리에 다치지 않게 주의하세요.